El Moderno Concepto de Comunicación

Luis Carlos Molina Acevedo

Titulo: El Moderno Concepto de Comunicación

Primera Edición

Copyright ©1990 Luis Carlos Molina Acevedo

Segunda Edición

Copyright ©2015 Luis Carlos Molina Acevedo

©De los Textos: Luis Carlos Molina Acevedo

Autor: Luis Carlos Molina Acevedo

Contacto: lcmolinaa@yahoo.es

http://lcmolinaa.blogspot.com

Diseño de Carátula: Luis Carlos Molina Acevedo

Revisión de Estilo: Luis Carlos Molina Acevedo

Todos los Derechos Reservados

ISBN-13: 978-1514378724

ISBN-10: 1514378728

Sobre el Autor

Luis Carlos Molina Acevedo es Comunicador Social y Magíster en Lingüística de la Universidad de Antioquia, Colombia. Ha publicado más de veinte libros para las Librerías en Línea, así:

Quiero Volar, El Alfarero de Cuentos, Virtuales Sensaciones, El Abogado del Presidente, Guayacán Rojo Sangre, Territorios de Muerte, Años de Langosta, El Confesor, El Orbe Llamador, Oscares al Desnudo, Diez Cortos Animados, La Fortaleza, Territorios de la Muerte, La Edad de la Langosta, Del Donjuanismo al Vampirismo Sexual, Imaginaria de la Exageración, La Clavícula de los Sueños, Quince Escritores Colombianos, De Escritores para Escritores, El Moderno Concepto de Comunicación, Sociosemántica de la Amistad, Magia: Símbolos y Textos de la Magia.

I Want to Fly, From Don Juan to Sexual Vampirism, The Clavicle of Dreams, and The Imaginary of Exaggeration.

Contenido

Presentación

En este libro se reúnen tres ensayos académicos publicados por primera vez en la Revista Cuartillas, Medellín - Colombia. El primero, El Moderno Concepto de Comunicación, publicado en la revista número 7, de 1990. El segundo, Prensa y Presuposición, publicado en la revista número 9, de 1991. Y el tercero, Buscando Tierra Libre, publicado en la revista número 6, de 1990.

La Revista Cuartillas, era el medio de difusión del Círculo de Periodistas de Antioquia – CIPA. En ella se publicaban los trabajos académicos de los comunicadores sociales, quienes con su reflexión, aportaban herramientas teóricas para una mejor comprensión del oficio. También se publicaban los trabajos de los conferencistas, participantes en el Jueves del Periodista. Este programa de conferencias se hacía cada mes en el Auditorio de la Biblioteca Pública Piloto de Medellín.

EL MODERNO CONCEPTO DE COMUNICACIÓN explora los matices de este término en la modernidad. Desde la Filosofía del Lenguaje, desarrollada por Karl Otto Apel, se avanza hacia una concepción más allá de la técnica, sobre la comunicación, para contemplar factores humanos, dejados por fuera en los esquemas clásicos de la comunicación.

PRENSA Y PRESUPOSICIÓN analiza las consecuencias semánticas y de comprensión de los contenidos, cuando el periodista abusa de la presuposición en sus escritos noticiosos. Se presume al lector como un consumidor de noticias, y no como un lector eventual, a quien se le debe dar todos los elementos para restituir el alcance de los hechos.

BUSCANDO TIERRA LIBRE es una reflexión sobre los procesos de la investigación cultural, y la complejidad implicada, cuando ésta se aborda desde la tradición oral.

EL MODERNO CONCEPTO DE LA COMUNICACIÓN

Publicado en la Revista Cuartillas número 7 de 1990,
Medellín – Colombia.

En nuestras carreras universitarias de comunicación, de pronto se olvidó algo fundamental. La comunicación no es esencialmente aquella dada a través de un medio electrónico. La verdadera comunicación entre los seres humanos comienza en el encuentro de la palabra de los interlocutores. La carrera de comunicación en nuestro medio está dirigida a la adquisición de unas destrezas en el manejo de medios. El énfasis se dirige al dominio de las técnicas para la construcción de una noticia, cómo hablar ante el micrófono, cómo comportarse frente a la cámara de televisión y otras habilidades. Pero brillan por su ausencia los cursos dedicados a la reflexión sobre el quehacer de la comunicación. No hay acuerdo sobre el marco teórico de la comunicación.

Historia del esquema de la comunicación

El presente párrafo está dedicado a hacer, a grandes rasgos, una descripción sobre la historia de la teoría clásica de la comunicación. Con ella, el lector no familiarizado con este discurrir, tendrá elementos de partida para seguir la argumentación aquí planteada. La comunicación se vuelve objeto de estudio con el invento de medios electrónicos, tales como el telégrafo, el cine, la radio y otros, es decir, a partir del invento de los medios masivos de comunicación. Este panorama correspondió a las postrimerías del siglo XIX. A partir de él, se ha desarrollado una serie de teorías tendientes a dar cuenta de ese primer esquema, ideado por los técnicos para explicar el proceso de la comunicación (E-M-R: Emisor-Medio-Receptor). Los inventores recibieron el calificativo de técnicos y con ellos comenzó la era de la sociedad tecnocrática como una superación de la sociedad industrial. Ya no era la era de las máquinas, sino la de los dispositivos técnicos. Cada invento era una novedad para la cual nunca faltaban compradores y el enriquecimiento fue acelerado, con la consecuente concentración de poder en la toma de decisiones. El esquema de la comunicación, ingeniado por los técnicos, se conoce también como el modelo técnico de la comunicación. A partir de este modelo, la historia fue variable de acuerdo con la forma de enfocar el esquema y a la cantidad de nuevos elementos, con fines de generalización, incorporados. Pero la mayoría de las veces, primaban los propósitos particulares, aunque en esencia se conservara el mismo esquema de base. Al esquema en cuestión, luego se le mezcló la teoría conductista de Watson. Se formuló así la Cibernética de Wiener. Después fue la Robótica y luego la Informática, como un intento de explicar las repercusiones sociales producidas por la aplicación de sistemas computarizados de forma masiva. Desde la Robótica, la paranoia cundió por todos los rincones del sujeto, y del hombre se apoderó el síndrome de la persecución de los robots que pretendían desplazarlo y hasta extinguirlo. Se afirmó inclusive que el medio era el mensaje con McLuhan. Hubo lugar hasta para el síndrome de inmunodeficiencia como amenaza permanente para el hombre. Los misiles, las guerras bioquímicas y la guerra de galaxias se encargaron de empujar al sujeto hasta el borde del abismo de la desaparición total. Es aquí, en este estado de cosas, donde entra la moderna teoría de la comunicación.

Luis Carlos Molina Acevedo

La Filosofía del Lenguaje

La reflexión sobre el moderno concepto de comunicación está hecha desde la dimensión pragmática del lenguaje y entre sus máximos representantes están; Gadamer, Habermas y Karl Otto Apel. Sobre este último, girará la aproximación a la nueva visión de la comunicación, y sobre todo, de lo planteado por él en la obra: "La transformación de la Filosofía". En ella se hallan los elementos teóricos para una nueva concepción de qué es la comunicación, cuál es el papel del periodista, qué es la opinión pública, en qué consiste la ética de la comunicación y otros tantos conceptos de reflexión en los últimos años. Para comenzar, citemos un aparte del autor donde se recogen los elementos más importantes de su teoría. En la página 409 se lee: "A partir de esta exigencia (la disolución de la contradicción entre la comunidad de comunicación real y la ideal), contenida en toda argumentación filosófica, pueden deducirse, a mi juicio, dos principios regulativos fundamentales para la estrategia moral del obrar humano a largo plazo. En primer lugar con cada acción y omisión debemos tratar de asegurar la supervivencia del género humano como comunidad ideal de comunicación en la real".

Esta cita es bien diciente de la nueva perspectiva de la comunicación. Por un lado se habla de la argumentación presente en cada diálogo, iniciado por los sujetos. Ella se eleva al rango de filosófica cuando es entre científicos. Se señalan además los principios regulativos para la estrategia moral del obrar humano, es decir, de una ética imprescindible para poder conversar con los demás. Esta ética, como veremos después, se fundamenta en el compromiso de aclarar nuestras intenciones expresadas en la comunicación, y a la vez, el interlocutor nos aclara las suyas. Otro elemento importante lo constituye la supervivencia del género humano. Asistimos a una era donde el problema más inmediato es la amenaza sobre los hombres, y los problemas de opresión pasan a ser un componente del problema más global. Y finalmente, aparece la realización de la comunidad ideal de comunicación en la real. Es decir, la comunidad ideal constituye ese telos hacia el cual aspira la comunidad real y por lo tanto se da un proceso dialéctico en el cual se fundamenta el progreso humano.

La comunidad de comunicación la conforman todos los seres pensantes en quienes halla expresión la cualidad bipolar del lenguaje. De un lado están los juegos ideales del lenguaje, es decir, aquellos donde se desbordan los límites del mundo. El límite de mi mundo es el límite de mi lenguaje, sostenía Wittgenstein. Este principio filosófico fue el fundamento para la escuela del positivismo lógico. Alrededor de él, se aglutinaron varios pensadores, conocidos como el Círculo de Viena. Aspiraban a lograr un lenguaje matemático o lógico para la comunicación entre científicos. Un lenguaje tal, dejaría por fuera las imprecisiones propias del lenguaje común. Pero este autor fue capaz de superarse a sí mismo. Luego le dio otra dirección a su pensamiento sobre el lenguaje como medio de comunicación entre científicos. Las obras posteriores, mejor conocidas como el segundo Wittgenstein, muestran cómo el autor deja el lenguaje lógico para retomar el lenguaje ordinario hablado por la gente común. El mundo está constituido por los juegos de lenguaje en tanto formas de vida, y no ya por las proposiciones aseverativas de su lenguaje lógico (Tractatus Logico-Philosophicus). Ahora el hombre se comunica con juegos lingüísticos, pero en cierta forma, se mantiene la idea inicial, el límite de mi mundo es el límite de mis juegos de lenguaje. En ese sentido, se planteó el juego ideal de lenguaje como elemento dialéctico en contradicción con el juego real de lenguaje para liberar al hombre de ese determinismo absoluto. La unidad dialéctica está conformada así por un ideal normativo y por un elemento material fáctico. Este puede ser aprehendido.

La superación del lenguaje lógico como medio para la comunicación entre las comunidades científicas, dio paso a la reflexión sobre el lenguaje ordinario y esto se conoce como la Filosofía del Lenguaje. Esta nueva actitud científica reemplazó a La Teoría de la Ciencia. Ya no es la conciencia el objeto de estudio de la ciencia. El nuevo objeto de estudio será el lenguaje. Se dio cabida en la filosofía a las teorías dominantes del siglo XX: el materialismo, el psicoanálisis y la lingüística. Se redujo así, la escisión sujeto-objeto heredada de las ciencias exactas y se pudo hablar de unas ciencias especulativas, o ciencias del espíritu, o ciencias comprensivas. A estas ciencias las llamamos hoy en día, ciencias sociales y ciencias humanas. Estas ciencias adoptaron como forma de conocer, a la interpretación. Se abandonó la explicación como forma del conocer, dominante en las ciencias exactas, sin dejar por ello de ser menos rigurosas.

La comunicación moderna

La comunicación como concepción moderna, introdujo nuevos elementos en el pensamiento. Es así como la comunidad de comunicación entró a ocupar el lugar del yo-sujeto en la reflexión filosófica, y el lenguaje ocupó el lugar de la conciencia como objeto de estudio. La comunidad de comunicación alcanzó el rango de dimensión, donde puede ser confirmado el sentido de lo dicho. Además, la comunidad de comunicación da validez al acuerdo con el diálogo histórico conservado por los seres pensantes como tradición o herencia, transmitida de generación en generación. La comunicación no sería posible sin la historia. Ella antecede a los agentes involucrados en el diálogo. La tradición se volvió entonces esa instancia donde se confirma la autoconciencia de cada uno y el conocimiento del mundo. En cada diálogo los hombres modifican su comprensión del mundo y su estructura semántica o discurso, a partir de la aclaración de las intenciones expresadas. Estas intenciones se expresan en el uso del lenguaje. Corresponden a la exposición de fines y la apropiación de las herramientas para alcanzarlos, en esa mediación del lenguaje.

La comunidad de comunicación inserta a los interlocutores del diálogo en un proceso de socialización en donde cada palabra del lenguaje aprendida se convierte en instrumento para llevarlos a alcanzar la meta del discurso y la consecuente encarnación de las normas institucionales de la interacción social o de la comunicación. Cada palabra es el resultado de un acuerdo milenario sobre el sentido "normativamente vinculante" de las cosas con las situaciones. El lenguaje, entonces, obliga al ser humano a concordar en los criterios de sentido y validez dados por su obrar y conocer, en cada situación. Pero con la argumentación viene, también, el enjuiciamiento de la propia verdad, una modificación de ella.

La comunicación se plantea en este sentido como esa función por la cual se interpreta el pensamiento, y a la vez se constituye en el acuerdo intersubjetivo sobre el uso del lenguaje, en cuanto expresa las interacciones en una situación dada. El acuerdo sobre el uso del lenguaje es resultado y condición trascendental (universal) tanto para el aprendizaje del lenguaje como para el estudio de la comunicación en tanto confluencia de condiciones lingüísticas. Estas últimas constituyen la dimensión pragmática del lenguaje, la cual a su vez debe entenderse como la condensación de la experiencia de los pueblos y solo comprensible por la interpretación.

La dimensión pragmática del lenguaje es más evidente cuando en las ciencias del espíritu, la comunicación hermenéutica con el hombre se vuelve la mediación entre el sujeto y el objeto de la ciencia para comprender de un lado el sentido de un texto y por el otro, la conducta de su autor. Esto lleva al intérprete a colocarse frente a su autocomprensión. El diálogo también se entabla con los libros y así los científicos pueden argumentar en el tiempo y el espacio con sus colegas, aún después de muertos. La dimensión pragmática del lenguaje nos habla de la interrelación entre la condición normativamente vinculante del lenguaje y el acto de creación. Ellos convergen en la situación de los actos de habla. Cada diálogo es un proceso dialéctico. No deja al mundo como está, lo modifica, es decir, un diálogo no se da igual dos veces.

De esta manera, la moderna teoría de la comunicación, plantea a ésta como una capacidad equivalente a la del lenguaje y sus desarrollos corren paralelos. La una y el otro se implican mutuamente como componentes de una sola unidad: los universales del diálogo. Así como en la lingüística se habla de una función metalingüística, también se habla de una metacomunicación. Ésta se encarga de estudiar o de reflexionar sobre la comunicación. También actúa como una capacidad o una competencia para crear situaciones de diálogo allí donde surgen las barreras de una lengua particular. Mediante la metacomunicación, se pueden aclarar los elementos de la comunicación para mejorar el diálogo. Esta capacidad le permite al ser humano comunicarse con personas de lenguas diferentes a la suya y le permite realizar traducciones. La comunicación y el lenguaje participarían de los componentes innatos para seguir reglas en el sentido de Chomsky, apreciados en los niños, y de la capacidad de interacción como requisitos para la adquisición del lenguaje. Por eso el género humano como sujeto del lenguaje, está abocado a comunicarse hacia la configuración de los juegos de lenguaje o de los modos de vida. Éstos constituyen lo social.

Objetos de estudio

Por lo expuesto hasta el momento, ya se podrá hablar del objeto de estudio de la lingüística y de la comunicación. La primera estudiará la adquisición y el uso del lenguaje, y la segunda, en cambio, estudiará el uso del lenguaje dado en una situación definida. Hay aquí entonces, un retorno a la teoría de los actos de habla expuesta por Searle. En ellos, se expresa el nivel intersubjetivo siempre predecible en nosotros cuando hablamos. De ahí la exigencia, impuesta a los dialogantes, de aclarar sus intenciones. A su vez los estudios de la lingüística y de la comunicación, son formas de la semiótica social. Se nos revela así una Filosofía del Lenguaje más cercana a la semiótica de los signos lingüísticos, y no de la lingüística misma. El por qué de ello, lo diremos enseguida.

Dentro de la lingüística se vio la comunicación como una función más del lenguaje. Es así como la comunicación se concibió como la transmisión de estados de cosas, es decir, la descripción de objetos aprehensibles directamente sin mediación del lenguaje. Esta visión encajaba perfectamente con el modelo técnico de la comunicación. Conservaba al **Emisor** quien utiliza un **Medio** para transmitir un mensaje al **Receptor** (E-M-R). Así las cosas, el proceso de comunicación aparecía como la codificación, la transmisión y la descodificación. Pero dentro de la concepción semiótica de la comunicación, la comunicación es la interacción donde se expresaba subjetivamente unas intenciones con la pretensión de apropiarse de unas herramientas para la obtención de unos fines cifrados en esa necesidad del género humano de darle sentido y validez a sus juegos de lenguaje heredados de sus antepasados, o de la experiencia acumulada de los pueblos. En esa dirección, el sujeto se vuelve interlocutor del diálogo para confrontar su visión del mundo, o bien para modificarla.

Por eso el lenguaje interviene como mediador en tanto imposición normativa, y a la vez como el elemento por el cual se expresa la creatividad del ser humano. El proceso de la comunicación alcanza una concepción nueva. El esquema técnico de E-M-R, pasa a ser reemplazado por una forma distinta de entender el fenómeno de la comunicación. La comunicación ahora es una situación en donde el sujeto "A" hace de intérprete mediador para contarle a un "B" qué le dijo un "C".

Lo anterior produjo un rompimiento con el esquema clásico de la comunicación o modelo técnico, donde el emisor aparecía como amo y señor de la producción de mensajes. La comunicación comenzaba en él y por él. Pero muy distinto sucede en la comunicación vista desde la dimensión pragmática del lenguaje, donde ella está determinada por el sujeto final, no el receptor, sino la comunidad de comunicación donde está acumulada la tradición.

Es decir, la objetividad ya no proviene de la experimentación en laboratorios o la demostración mediante largas secuencias de ecuaciones matemáticas. Ahora se habla de la emisión o del acto de habla. Éste tiene sentido y validez si está en conformidad con el diálogo histórico, inclusive, la creatividad del lenguaje debe ajustarse a ello. No es como sostuvo Lacan, el mensaje está dado al emisor por el receptor. Desde la nueva perspectiva, la comunicación solo es posible si existe un intérprete mediador, quien vuelve sus reflexiones sobre lo existente para criticar las normas pendientes de reflexión.

Luis Carlos Molina Acevedo

El papel del periodista

Después de encontrarnos con el intérprete mediador, podemos entrar a considerar el papel de los periodistas en la sociedad actual. Es evidente, su perfil es el del mediador profesional, y entre quiénes, es algo para abordar a continuación.

La Filosofía del Lenguaje reconoce la existencia de una comunidad científica. Ésta no precisa de un público, son ellos los llamados expertos para quienes es suficiente con un lenguaje lógico para explicar los estados de cosas. Pero a toda explicación corresponde una interpretación para la comprensión de la misma, por eso, el lenguaje ordinario nunca queda por fuera del lenguaje matemático. En este sentido, se habla de unas ciencias hermenéutico-históricas, encargadas de interpretar para el público en general, todos los aspectos necesarios para la comprensión de los fenómenos sociales, y entre ellos, el del lenguaje como el fenómeno social por excelencia.

Cada una de estas comunidades necesita ponerse de acuerdo en el lenguaje usado y en eso consisten los marcos teóricos de cada ciencia. Pero también se precisa de un acuerdo en el uso del lenguaje entre los expertos y la comunidad en general, es aquí donde tiene papel activo el periodista. Él se constituye en el mediador profesional. Permite el acuerdo sobre el uso del lenguaje para el entendimiento entre los expertos y la comunidad en general. En este papel, el periodista debe asumir la función de intérprete y no solo de repetidor en aras de una objetividad en donde se suprime a sí mismo como sujeto. Se pierde esa equivalencia por largo tiempo mantenida entre objetividad y verdad para entrar a hablar del sentido y la validez de lo dicho en conformidad con la tradición.

El papel del periodista, visto desde la Filosofía del Lenguaje, no será entonces únicamente de intérprete, sino también de generador de la opinión pública, entendida como esa instancia donde se dirimen los conflictos surgidos por las limitaciones de la conciencia y por los intereses del género humano dividido en naciones, clases, juegos de lenguaje y otros. La opinión pública deja de ser un estado de opinión donde se dicen las cosas porque sí, para volverse esa instancia histórica donde se revelan los juicios valorativos, no subjetivamente arbitrarios, pues son producto de un acuerdo sobre el uso del lenguaje.

A modo de conclusión

Digamos para terminar, y a modo de conclusión, el término "moderno" del título, no es casual. La modernidad nos ha llegado hasta hoy con más fuerza, y ni la Encíclica Pascendi del Papa Pio X, pudo atajarla. Queda en la historia el esfuerzo, en las postrimerías del siglo XIX, del sector del clero de vanguardia tratando de conciliar las ideas religiosas con las teorías científicas imperantes en el momento, tales como el intuicionismo, el pragmatismo y la exégesis bíblica. Lograron, eso sí, favorecer la interpretación tanto sentimental como histórica. Hoy se puede decir, la modernidad tiene un sentido diferente en el siglo XX. Ya no se habla de intuicionismo, sino de comprensión liberada de la carga sicológica depositada en el término, en el sentido de introspección o ponerse en el lugar del otro. La pragmática logró dejar atrás ese lastre tomado del conductismo para volverse la situación donde se expresan intenciones mediante el uso del lenguaje. Y la interpretación, aunque sigue considerando los juicios de valor, ganó en rigurosidad con la integración de la historia en sentido dialéctico.

Estas líneas solo pretenden ser punto de partida para el comienzo de una reflexión y discusión de nuestro quehacer como comunicadores y como periodistas. El debate está abierto.

PRENSA Y PRESUPOSICIÓN

*Publicado en la Revista Cuartillas número 9 de 1991,
Medellín – Colombia.*

En términos generales, la presuposición es el saber enciclopédico, puesto a disposición de los interlocutores participantes en una conversación o interacción social. También puede concebirse como aquello que el hablante o escritor supone que el oyente o lector conoce. O siguiendo a Van Dijk, "la presuposición o presuponer, no parece ser un acto, porque no hay cambio comunicativo propuesto que opere en el oyente debido a un acto de presuposición, lo que es más bien un acto mental, es decir, una suposición acerca del conocimiento del oyente" 1. (Van Dijk, Teun A. "Texto y Contexto", p 313).

Cuando se mira el uso de la presuposición en la prensa escrita, es necesario entrar a considerar algunos elementos adicionales a los tenidos en cuenta en las elaboraciones teóricas, desarrollados para estudiar el discurso en general.

Luis Carlos Molina Acevedo

Escenario de estudio

En este intento de ofrecer aportes al estudio de la presuposición en el discurso, se tomará al periódico El Tiempo, Bogotá – Colombia, en especial la información publicada el 10 de febrero de 1991 sobre el conflicto bélico del Golfo Pérsico. Se tomó la edición dominical por ser la más leída de la semana. Este periódico en especial, por ser el de más circulación nacional. Y el conflicto del Golfo Pérsico, porque fue en donde más se evidenció lo aquí mostrado. Pero en términos generales, con algunos ajustes se puede aplicar este análisis al discurso informativo en Colombia, y quizá en otros países.

Para facilitar el presente análisis, se estudiará la información mencionada, dentro del siguiente contexto imaginario: Alberto Parker, era un estudiante de artes plásticas. En 1980 se cansó del ruido y la contaminación de la ciudad y decidió volverse ermitaño en una de las tantas montañas del país. Pero el 10 de Febrero de 1991, le dio por salir a ver qué tanto había cambiado la civilización en 11 años, y para enterarse de cómo iba el mundo, compró el periódico El Tiempo.

Alberto pudo ver en primera página cómo ese

domingo se instalaba La Asamblea Nacional Constituyente que iba a reformar la Constitución de Colombia de 1986; que comenzaba el torneo profesional de fútbol en el país, y por allá en un titular, más bien pequeño, leyó: "la Guerra amenaza mandato de ONU", y un antetítulo que decía "Enérgica advertencia de Mijail Gorbachov". Luego leyó las dos columnas de diez centímetros de ancho, para encontrarse con la invitación: "por favor pase a la página 16A".

La primera plana del periódico, ofrecía a Alberto un primer panorama de actualización para todo el tiempo en que estuvo alejado de la civilización. En ese punto, ya él podría entrever que la prensa colombiana le estaba restando importancia a La Guerra, para concedérsela a nuevos hechos: La Constituyente y el fútbol. Por otra parte, el lector en general pudo notar ese día que el discurso informativo estaba entrando en un cambio de estrategia: desinflar el conflicto del Golfo Pérsico para comenzar a inflar otros en su afán de mantener la atención de los consumidores de noticias, y garantizar el flujo de la venta de noticias.

La presuposición construida

Comencemos el estudio de este tipo especial de presuposición, adicional a los demás tipos estudiados por Van Dijk, citando algunos párrafos de las noticias publicadas sobre el conflicto, y las cuales tomaremos como un todo discursivo, así sean escritas por periodistas diferentes. De igual manera debe señalarse algo fundamental. Cuando acá nos referimos a periodistas, es de un modo abstracto y no concreto. Con estas aclaraciones previas, entremos en materia.

A. "El jefe de estado mayor, Colin Powell, y el Secretario de Defensa, Richar Cheney, de los Estados Unidos, preparan la ofensiva terrestre con los comandantes aliados en Arabia Saudita. Por esto crece el temor de que la guerra vaya más allá de los **objetivos trazados inicialmente**"

B. "El presidente soviético Mijail Gorbachov, advirtió ayer que las acciones militares de las fuerzas aliadas en el Golfo, corren peligro de excederse en **el mandato que les dio Las Naciones Unidas** para expulsar a las tropas iraquíes de Kuwait e instó nuevamente a **Saddam Hussein para que se retire del emirato**".

C. "Nada se sabe a ciencia cierta sobre los resultados de las operaciones militares, a pesar de la **catarata de noticias contradictorias** que pasan los medios de información, debido a la rígida censura impuesta por los estrategas militares en los frentes de la guerra".

Es importante señalar algo. Para el presente análisis se tuvo en cuenta, además de la noticia de primera página, las noticias de la página internacional tituladas: "Gorbachov advierte contra violación de mandato de ONU", "El flanco débil de la alianza" y "La guerra por la paz". También se debe advertir, las negrillas en las noticias citadas, son del autor, y se usan para facilitar el análisis.

En este punto, nuestro amigo ya sabrá algunas ideas básicas. Hay una guerra de grandes repercusiones. Lleva varios días, y además va a entrar en una etapa denominada 'ofensiva terrestre'. Encontrará en el párrafo (A), unos objetivos trazados inicialmente, los cuales el periodista presupone él, como lector, conoce, y por tanto está en condiciones de deducir cuáles son las consecuencias si la guerra va más allá de lo supuesto. Por otra parte, en el párrafo (B), el periodista presupone Alberto sabe cuál fue el 'mandato que le dio las Naciones Unidas a las Fuerzas Aliadas'. También en (B), presupone sabe por qué, 'Saddam Hussein debe retirar todas sus fuerzas de Kuwait'.

Hay una gran paradoja en todo esto. Mientras nuestro amigo se ha pasado leyendo con suma atención la información tratando de descifrar qué sucede, se encuentra con el párrafo (C), de donde con algo de perspicacia, deducirá cuál es la realidad de tal guerra. Ésta, como se muestra en los medios masivos de comunicación, es una construcción discursiva, y aunque quizá él no llegue a tal conclusión, aquí nos será de gran ayuda para el análisis de la presuposición, en la prensa escrita, la cual ya comenzamos a ver como problemática. En este punto es importante aclarar por qué se habla de presuposición en estos casos donde parece evidente la presencia de anomalías. Mientras, para nuestro amigo Alberto, la presuposición del periodista, no funciona, para el lector medio de prensa sí funciona, y sería una redundancia inútil volver a repetir tal información, ya dicha antes, en ediciones anteriores del periódico. Pero a su vez, la comparación de estos dos tipos de lectores, muestra algo nuevo. La presuposición adicional a los tipos normales del discurso en general, está anclada en una realidad, no articulada con lo vivencial de una comunidad determinada.

Lo anterior nos muestra cómo la presuposición en la prensa escrita va más allá del saber enciclopédico, puesto en común dentro de una comunidad, lo cual plantea un problema de tipo cognoscitivo. La teoría del discurso expone cómo la presuposición funciona allí donde emisor y receptor de un discurso comparten una visión del mundo puesta en común, bien por el contexto de comunicación (Van Dijk la llama la presuposición pragmática, Op. cit., p.176), bien por la significación de las proposiciones (en términos de Van Dijk, la presuposición semántica textual, Op.cit., p.176), o bien por las propiedades lingüísticas de las oraciones y secuencias de oraciones (Van Dijk en cierta forma la denomina la presuposición gramatical, Op.cit., p.170).

En esta dirección, podemos decir por qué aunque en el discurso informativo se dan estos tres tipos de presuposición, debe agregarse uno más. Además del contexto de la realidad articulada a lo vivencial (los tipos planteados por Van Dijk), hay un contexto adicional. Resulta de la realidad construida por el discurso informativo y no articulada con lo vivencial. Esta realidad construida, le hace falta a Alberto para descifrar las presuposiciones del periodista. En este sentido hablamos de un problema cognoscitivo. La presuposición del periodista funcionará si el receptor o lector es asiduo consumidor de información, no solo escrita, sino también televisiva y radial.

Detengámonos un poco en lo cognoscitivo. La visión del mundo de una comunidad se va construyendo gradualmente y jerárquicamente de acuerdo con ciertas vivencias. Por ejemplo, para pasar a la universidad, debe haberse culminado satisfactoriamente la primaria y la secundaria. Pero además de lo gradual, cuenta en cierto modo la verdad. Lo mismo sucede en las comunidades no letradas donde la visión del mundo se adquiere paulatinamente, acorde con unas vivencias marcadas por los ritos de iniciación a la vida social. Pero ¿Qué sucede con los medios masivos de comunicación? Estalla la guerra del Golfo Pérsico y de inmediato construyen una realidad un tanto extraña para el transcurso normal de las comunidades. Entran a enterarse, de golpe, sobre las novedades tecnológicas de las potencias industriales, de los rasgos histórico-culturales de comunidades diferentes, de otras formas de ver el mundo y muchos otros temas. Casi atropellan el oído y visión de los miembros de las comunidades. Los medios de comunicación cifran en esta realidad construida, todo su andamiaje para levantar el discurso informativo presente y futuro. Esta realidad artificial servirá de marco de referencia para las afirmaciones posteriores.

El discurso informativo, entonces, en un claro manejo de la economía discursiva, emplea más espacio y tiempo en configurar los elementos sobre los cuales hablará, hasta cuando sea prudente, de acuerdo con la ley de la oferta y la demanda, y empleará menos tiempo y espacio para referirse a los hechos de la realidad concreta. Entre más se dilata el tiempo informativo, el contenido es más auto-referido y menos alusivo a hechos concretos de la realidad. Construyen realidades discursivas con las cuales se puede entrar a construir discursos, y éstos a su vez se vuelven realidades para otros discursos, y todo mediante un calculado manejo de las imágenes, las fotografías y los testimonios de las fuentes oficiales, a quienes poco les interesa hablar de qué sucede realmente alrededor de las tragedias humanas.

Parece ser como si la prensa nos mostrara otras posibilidades cognoscitivas. Se presentan como más aceleradas en comparación con las normales y consideradas dentro del sistema educativo nacional. Pero esto es un espejismo, porque el problema comienza cuando no se es un asiduo consumidor de noticias, y aun cuando se sea. A veces la presuposición adicional va más allá de un término medio, como puede apreciarse en los siguientes párrafos:

D. "La otra guerra de influencias está situada en Líbano: a Francia parece preocuparle el acercamiento que se está produciendo entre Washington y

Damasco. Mitterrand no olvida que Siria es la potencia regional que ocupa a Líbano. Su oposición actual a Saddam Hussein podría ser objeto de un tipo de negociación ('yo te apoyo y en Líbano no te metes') que para nada favorece la influencia tradicional francesa en Líbano".

E. "Para Egipto y Siria, las mayores preocupaciones derivan de la eventual intervención de Israel en la guerra. Aunque no se puede descuidar que en Egipto, las organizaciones islámicas son capaces de movilizar grandes masas, sobre todo en los principales centros urbanos".

Estos parecen párrafos escritos para historiadores de tiempo completo. Se debe estar al tanto de toda la historia del oriente medio, porque en ellos, el periodista, no solo lo presupone, también marca proposicionalmente la presuposición. Es el caso de 'Mitterrand no olvida que' en el párrafo (D) y de 'no se puede descuidar que' en el párrafo (E). Las dificultades no son solo para el Alberto Parker de nuestro escenario imaginario de análisis, sino también para el consumidor medio de información.

El saber inútil

Después de estas consideraciones, no deben quedarnos dudas. En el discurso informativo, la presuposición incluye unos elementos adicionales a los tenidos en cuenta para las demás clases de discursos. Llamaremos a tales elementos, un saber **gadget,** en el sentido dado al término por Jean Baudrillard ("El Sistema de Objetos"). Para él, un gadget designa aquellos objetos opulentos por su funcionalidad, creadores de necesidades, no sirven para nada, sino para actuar como signo social. Es el caso de las colecciones de objetos antiguos y otros. Por eso puede decirse, la configuración contextual, usada como marco de referencia para el discurso informativo, en casos como la guerra del Golfo Pérsico, es una especie de **Saber Gadget.** Después de pasado el conflicto, no sirve para nada. No está vinculado a una vivencia cotidiana y pronto se pierde de vista de los medios masivos de comunicación y de la memoria de los receptores, pues nuevos hechos desfilan en el horizonte. No constituyen un componente real de la cosmovisión de las comunidades.

Cuando aún el conflicto bélico se hace reciente

para el momento de la presente reflexión, puede decirse, todo el montaje periodístico realizado con afán en torno a la guerra, fue efímero y vacuo. Interesó menos el enfrentamiento mismo. Fue un saber gadget, un signo más de opulencia para facilitar el desciframiento de la información presentada por los medios de comunicación. El mismo nutría la conversación cotidiana superflua, como las modas pasajeras. Fue signo social. Permitía a los interlocutores estar a tono con la actualidad y mostrarlo ante los demás, como un trofeo de caza, exhibido en el mejor paredón de la casa. En definitiva, una feria de las vanidades, incapaz de dar cuenta de la verdadera realidad alterada por la guerra. El mismo signo fue reemplazado por otros signos del sistema productivo de información anclado en La Constituyente, y a los cuales sucederán otros signos anclados en otros hechos, como fantasmales realidades. Permanentemente se construye saber inútil en los medios de comunicación, para darle a la información, la dimensión de mercancía. Se le vende al consumidor de noticias, objetos opulentos, datos sin valor, los cuales en nada lo dimensionan como sujeto.

Análisis de enunciados

Ahora bien, el anterior análisis basado en el nivel macroproposicional, o de párrafos, también puede llevarse al nivel microproposicional, o de oraciones. Para ello miremos los siguientes enunciados:

1. "El presidente soviético Mijail Gorbachov, advirtió ayer que las acciones militares de las Fuerzas aliadas en el Golfo..."

2. "Powell y Cheney regresarán a Washington y se reunirán con Bush el lunes..."

3. "En efecto, mientras Fracois Mitterrand anuncia..."

Tenemos aquí una presuposición normal para el consumidor medio de información, pero a su vez, el periodista presupone, Alberto Parker sabe quién es Bush en el enunciado (2), o quién es Mitterrand en el enunciado (3). Esto nos muestra la suposición del periodista. Para todo quien tome el periódico, deben resultar familiares estos nombres y por eso no es necesario especificar su condición de mandatarios, ni de qué nación como es lo usual. En estos casos no podría hablarse de redundancia, como en algunos casos ya referidos en el nivel macroproposicional.

Pero si en los anteriores enunciados la presuposición no resulta del todo anómala para el lector de prensa medio, los siguientes enunciados sí presentan una presuposición totalmente anómala.

4. "…Mitterrand anuncia que el enfrentamiento terrestre será duro y cruel, **Le Monde** comienza…"

5. "Los aliados están seguros de su victoria".

6. "…peligroso para el futuro que el acuerdo **Sikes-picot**…"

7. "…apaciguar a sus amigos del **Magreg**…"

8. "La prensa francesa de todas las sensibilidades también recoge, en amplios **Dossiers**, el descontento del mundo árabe".

Aquí la presuposición cobra visos de anómala, aún para el consumidor medio de discurso informativo. Los términos en negrilla van más allá del saber gadget de los medios de comunicación, construidos en su realidad discursiva. En estos casos, la presuposición del periodista se torna atrevida, es como si le dijera al lector: o consume más información, o se vuelve un ignorante, un analfabeto de la información. Y aquí es donde el asunto se torna grave, porque el consumidor de información o los lectores de prensa escrita no notan cómo todo este saber solo sirve para estar a la moda. Se debe aprender a leer o descifrarlos entre líneas para discernir qué realmente está sucediendo detrás de toda esa tramoya discursiva. Todo ese saber gadget pierde actualidad y solo es estorbo como todo lo pasado de moda. No está articulado de manera vivencial a la visión del mundo de la comunidad donde se consume, y de ahí su inutilidad práctica.

A modo de conclusión

En conclusión, se puede decir, en el discurso informativo, además de la presuposición desarrollada dentro de la teoría del discurso, se da una presuposición adicional. Está vinculada a lo denominado aquí como un saber gadget. Ésta puede volverse anómala si no se hace un correcto uso de ella. Funciona con base en construcciones discursivas de carácter temporal y luego son desechadas. No están vinculadas de una manera vivencial y sistemática a la visión del mundo de la comunidad consumidora de información, por eso se desechan rápidamente. En este sentido se puede hablar de una extraña dialéctica interna de los medios masivos de comunicación, con la cual aseguran la permanencia entre el consumidor de noticias. Pero a su vez, el consumidor ve en ello el mecanismo para acceder a la distribución de la producción en serie del sistema económico del signo llamado medios masivos de comunicación. El consumidor se vuelve cómplice de un sistema artificial de producción de signos efímeros. Cada vez más, pierde de vista sus verdaderas necesidades en cuanto a información, para consumir supuestos vacíos de todo referente real. Nuestro amigo Alberto Parker, después de esta experiencia, y de haber leído las noticias sobre la guerra del Golfo Pérsico, solo tendrá dos caminos: o comprar un transistor de baterías para comenzar a consumir signos de moda, o asumir el riesgo de volverse un "analfabeta de la información", lo cual sería un espejismo más creado por los medios masivos de comunicación, en la mente de nuestro imaginado ermitaño.

Con esto no se quiere descalificar al sistema informativo o afirmar su inutilidad en una sociedad, sino desvelar las estrategias consumistas, ocultas tras la falsa presuposición en el discurso informativo. Mostrar cómo esto es usado como un gancho para seguir vendiendo información. Los medios masivos de comunicación, se supone, existen para garantizar el derecho a la información y no a la desinformación como pareciera ser, y esto solo puede asegurarse con un correcto uso de la presuposición.

BUSCANDO TIERRA LIBRE

Publicado en la Revista Cuartillas número 6 de 1990,
Medellín – Colombia.

Mi espíritu investigativo nace del conflicto producido al trasladarme de una cultura campesina a un espacio urbano. La investigación sobre la tradición oral, actualmente adelantada, nació en el Seminario de Antropología Cultural para estudiantes de Comunicación Social. Seminario dirigido por el entonces profesor de la Universidad de Antioquia, Hernando Grisales. Dentro de este espacio académico, inicié con Juan Carlos Arboleda la investigación sobre la tradición oral. Por ese entonces no teníamos directrices definidas y nuestro leve chapuceo se dirigió a lo literario oral. Terminado el seminario mencionado, retiré la investigación del espacio académico y tomé nuevos rumbos. Juan Carlos Arboleda continuó por un tiempo más con la investigación dentro del espacio académico, pero al fin la retiró también y pudo tomar nuevos rumbos. Ahora adelanta con un grupo de trabajo, una investigación sobre petroglifos. Me alegra ver cómo tampoco él perdió ese espíritu investigativo, el cual nos unió en un comienzo.

Quiero volver sobre la aparente impugnación a lo académico, reflejada en el anterior párrafo. No se pretende rechazar el espacio académico, porque de hecho, en éste se logra la formación epistemológica del investigador. En este sentido, fue muy importante la orientación epistemológica recibida de la profesora Clara Posada. El espacio académico es importante para abrirle caminos a la investigación, pero el peligro está cuando en un mismo espacio, se dan las actividades de estudiar e investigar. Es decir, la investigación se hace por una nota en determinado curso. En estos casos, la investigación acaba con la obtención de la nota. Estas observaciones se traen a cuento, debido a la dificultad, enfrentada por el estudiante para desempeñarse como investigador. Con estas observaciones se quiere llamar la atención de la universidad para prestar más atención a este aspecto. En ella no existe un marco definido donde el estudiante pueda cultivar el espíritu investigativo.

Cambio de rumbo

El tomar nuevos rumbos fue muy importante para la continuación de la investigación. Varios criterios marcaron esos rumbos. Entre ellos estuvo, la decepción. Al revisar los textos escritos donde se rescataba la memoria cultural del departamento de Antioquia, se apreciaban unos resultados parciales. Casi todos se circunscribían a la región del oriente del departamento, por no decir todos. Este solo hecho de por sí, ya se presentaba como problemático. Era evidente, se aceptaba como lo típico antioqueño, las manifestaciones culturales originadas en el oriente antioqueño, y las otras siete regiones, seguían algo así como desconocidas. En este punto entró a jugar un papel importante, las vivencias del investigador. Al nacer en el municipio de Fredonia, suroeste del departamento de Antioquia, en medio del paisaje campesino, y a los seis años ser trasladado a vivir en la gran ciudad, se presenta un gran contraste. Es así como esa cultura ingenua campesina, choca contra aquella popular de los barrios. De esos barrios donde la persona admirada ya no es el anciano por su conocimiento sobre la historia de la región, sino el "camaján" (delincuente) del barrio. Este personaje es respetado por su peligrosidad, no por su saber. Este conflicto de culturas, da las bases para alejar aquella cultura donde se nace. Ahora puede ser abordada como objeto de investigación.

Lo poco de aquella cultura campesina, todavía presente en mi memoria, vino a mostrar cómo lo típico antioqueño reconocido por todos, pasaba por un desconocimiento de la diferencia. Es decir, se aceptaba como lo típico antioqueño, un arquetipo parcial, por desconocimiento, y no por una oscura intención. Ese arquetipo, además, era estático, por un romanticismo tradicionalista, y no por un espíritu crítico. En otros términos, ese arquetipo se ancló en un determinado momento histórico donde la afirmación "todo tiempo pasado fue mejor", dejó de registrar las modificaciones, impuestas por la realidad a tal arquetipo. Eso explicaba el por qué en el presente, de pronto nos encontramos o nos vimos como unos extraños, como si hubiéramos dejado de ser antioqueños. Ello se debió a un cambio drástico. La cultura dejó de ser oral. El arquetipo se volvió, entonces, problemático. Los problemas afloraron al tratar de implementar programas culturales y al tratar de poner por escrito nuestra cultura. Es bajo estas consideraciones como se inicia la investigación propiamente dicha.

Configuración de la investigación

Tales consideraciones propiciaron varias cosas. Primero, delimitar un espacio geográfico, el suroeste antioqueño. Segundo, el tema de investigación, la tradición oral de dicha región. Tercero, el espacio desde donde se abordaría la investigación, la cultura. Cuarto, el objetivo, lograr la recuperación de la memoria cultural del suroeste antioqueño. Y hay un quinto punto importante y determinado más por la condición del estudiante de Comunicación Social. Ese punto fue la elección de los medios para abordar la investigación: la grabación y la fotografía. Con la grabación se lograría el registro sonoro de la palabra oral, y con la fotografía se registraría visualmente los objetos de uso, antiguos o en vías de desaparición, además de espacios y oficios dados en la región.

Definidos estos aspectos, la investigación arrancó en 1986. No se puede hablar de una continuidad total durante este tiempo, y sí más bien de períodos intermitentes. Ello se debió en gran parte a la condición de estudiante en la universidad. La investigación comenzó por ser una exploración, una búsqueda de la tradición oral en el suroeste antioqueño. Es la etapa de las generalidades, de asistencia a todos los temas posibles. Esta etapa general, dio origen a la novela corta "Quiero Volar". En ella se aborda desde las técnicas de la literatura, una reconstrucción del mundo de la brujería en el suroeste antioqueño. Esta primera etapa arrojó dos resultados importantes. Uno, la necesidad de reconstruir la memoria cultural a partir de la narración escrita. Y segundo, una necesidad de profundizar en los temas a partir de un criterio de épocas. Es decir, marcar las diferencias dadas en cada época, expuestas en las narraciones orales de las personas entrevistadas. Por ejemplo, el cultivo del café en Colombia, presentó tres cambios significativos en el siglo XX. Pero sobre ello se volverá más adelante.

Los aspectos de la difusión

Lo más difícil de un proceso de investigación, es la presentación de resultados. Hubo varios factores a considerar en esto. Lo más difícil fue la elección del medio y forma. En este sentido fue muy importante la experiencia con la obra "Quiero Volar". Ella se impuso desde el interior de la investigación y solucionó muchos conflictos. La obra marcó una nueva etapa en la investigación y fue: La Reconstrucción. Se comprendió la importancia de la reconstrucción, antes de cualquier hermenéutica o interpretación. Esta reconstrucción no fue tarea fácil, porque varios escrúpulos epistemológicos salieron al paso y a los cuales les debía dar una solución un poco al margen de lo epistemológico. Con la publicación de la obra "Quiero Volar", se cumplió lo predicho. A pesar de existir la tendencia a tomar el escrito como algo literario, la gente se reconoció en él. Se había logrado el objetivo inicial de rescatar la memoria cultural en su forma física. Y en parte solucionaba las dificultades al tratar de reconstruir la memoria cultura y sobre todo cuando ésta reposaba en la palabra oral. La principal dificultad la representaba la discontinuidad. Por eso al acudir a la narración tomada de la literatura, se logró llenar los vacíos de los estruendosos rompimientos y saltos bruscos, propios de la narración oral. Si se difundían tal cual, todo esto haría incomprensible cualquier escrito. Era necesario dotarlos de continuidad narrativa y cohesión temática.

En el momento de la reconstrucción, juega un papel muy importante la investigación exhaustiva y reiterativa sobre un mismo tema. Solo así se puede controlar el no falsear la información en el momento de llenar los vacíos creados por la discontinuidad. Así, en la reconstrucción, plasmada en "Quiero Volar", se parte de una sonoridad del habla para darle un tono a la obra y crear una cierta atmósfera. Es la sonoridad del habla y no el habla en sí, lo registrado el libro. En cuanto al tema, es una fusión de varias historias orales. Esto facilitó la continuidad en la lectura. Y así, donde las historias son insuficientes, se acude a la creación. Pero una creación regida por las leyes, observadas en la cultura investigada. Se parte de un principio básico. Lo creado pudo haber sucedido en aquella cultura, pero nuestra grabadora no ha registrado el testimonio de quien lo presenció o lo recuerda. La pregunta ahora sería: ¿por qué este medio literario y no otro para presentar resultados? Esta decisión se toma a partir de una necesidad interna y una resistencia expresa a los innumerables estudios eruditos sobre nuestra cultura. Ellos solo le hablan a los estudiosos y científicos.

Épocas culturales

El hecho de llegar a esta etapa de reconstrucción, mostró la necesidad de profundizar en los temas y delimitar más el espacio, con el fin de facilitar las futuras reconstrucciones. Es así como los temas se enmarcaron dentro de grandes épocas. Una iría desde los tiempos de los asentamientos indígenas hasta la guerra de los Mil Días. Una segunda va de 1905 hasta 1930. Otra tercera va desde 1930 a 1960. Y la última va de 1960 a 1980. El espacio continuaría siendo el suroeste antioqueño, pero centrado en Fredonia, nombre dado por el Inglés Turrey Moore en 1830 al sitio llamado Guarcitos. Fredonia es un vocablo compuesto del inglés (FREE: libertad, y ONIA: tierra), significa tierra de libertad o tierra libre. Es en este momento, cuando la investigación entra en la etapa de la profundización. Vuelve al espacio académico. Pero no ya para un curso, sino como la actividad de prácticas externas. Este es un requisito exigido por la Universidad de Antioquia para optar el título de Comunicador Social – Periodista. En el proyecto de investigación presentado para el efecto, se propuso como tema "la Invasión de la Langosta". No porque la langosta fuera el tema de interés, sino porque la invasión de ésta al suroeste antioqueño, marcó un gran período histórico y cultural en el siglo XX.

Dicha investigación se concretizó en un trabajo escrito. Se presentó como trabajo final de grado y fue aprobado por el Comité de Carrera del Departamento de Comunicación Social, el día 9 de Junio de 1989. Dicho trabajo se tituló SOMOS TIERRA LIBRE II, "La Edad de la Langosta", el cual en este momento es objeto de correcciones estilísticas con vías a buscarle publicación. "La Edad de la Langosta", abarca el período de 1905 a 1930. En él se reconstruyen mediante técnicas literarias, los usos, objetos, espacios, oficios, costumbres y muchas cosas más, propias de la época. Entre los temas tratados, está la presentación de las continuas invasiones de la langosta sucedidas en el siglo XX. Se trata sobre el cultivo del café en dicha época. El proceso de la panela, la arriería, el contrabando, tanto del aguardiente, como del tabaco, el tratamiento de la locura, manifestaciones de la delincuencia, la conformación familiar, y las prácticas mágicas. Estos y muchos temas más se funden para configurar la historia de Simón y Darío, dos extremos del hombre del suroeste antioqueño, y por qué no, del antioqueño en sí.

Fase de interpretación

Esta nueva realización dentro de la etapa de reconstrucción, ha impuesto una nueva etapa en la investigación. O sea, la de interpretación. Esta actividad se inició con el trabajo "Formas Simbólicas de Antioquia", adelantado por el Instituto de Integración Cultural, Recinto de Quirama. En este equipo de trabajo se participa con el ensayo "Imaginaria de la Exageración". En él se trata sobre el imaginario oral del campesino en el suroeste antioqueño, sobre todo el referido a los fenómenos de luz y sombra, fundamento para las construcciones culturales de esta región.

Como se puede ver por lo expuesto anteriormente, esta investigación ha pasado por una serie de etapas, impuestas desde adentro. Estas etapas no anulan las anteriores, coexisten. Por eso cuando el vicepresidente de El CIPA (Círculo de Periodistas de Anquioquia) Gabriel Jaramillo, me invitó a escribir unas líneas sobre mi experiencia, acepté pensando en compartir mis realizaciones con otros investigadores. Muchas personas en este momento, con recursos propios, están investigando nuestra cultura antioqueña. Desde estas líneas, quiero transmitirles una voz de aliento. Deben seguir adelante, sin desfallecer.

Bibliografía

APEL, Karl-Otto. La transformación de la Filosofía. Tomo II. Ed. Tauros. Traducción del alemán por Adela Cortina y otros. 1985. 429 págs.

Van Dijk, Teun A. "Texto y Contexto". Traducción de Juan Domingo Moyano. Madrid, Cátedra, 3 ed. 1988. 357 págs. P. 313

Baudrillard, Jean. "El Sistema de Objetos". Bogotá Siglo XXI.

Luis Carlos Molina Acevedo